絹地に奏でるミクロコスモス

ほとけへの憧憬

友禅画家　あだち　幸

日貿出版社

銀河の賦

この地は名前も美星町。
虚空のただなかにあるような星の郷です。
星夜、黙して一人たたずめば、
日常を越えて、永遠無限の感覚にそのまま浸ることができます。
そのとき、人は有限の憂い苦しみから解き放たれているはず。
星々によって荘厳された、虚空のような絵が描けたらと思うのです。

撮影 川上直哉　

まえがき

仏教では、万物は平等であり、生きとし生けるものすべてにほとけが宿ると説かれています。

花も虫も動物も、それぞれところを得て、あるがままのいのちたちは美しく、世界はほとけで満ちているかに思えます。ところが、そのほとけたちを自分の都合で害獣、害虫、雑草などと名づけては駆除処分、利用できるとみれば動物も山も川も利用し尽し、本来、美しく調和しているはずの世界の秩序を踏みにじるのが人間という種です。

なぜ、人間がほとけなのでしょうか。

多様な生命体と人間はどこが違うのでしょう。

私の結論は単純です。

「創造性と想像力」、これが人間の特性であり、これこそ生き物と人間を分かつものでしょう。また、創造性には「美と醜」を選別する力があります。想像力は「善悪」を分かつ力も有しています。

この、自分なりの結論をえたところへ、ある方から「美を感じとることができるのは人間だけです」という言葉を聞き、自分の考えが間違っていなかったと合点したのです。「創造性と想像力」によって生み出された、善悪の判断と美意識こそ、まさに人類の方向性を決める最もだいじな人間の特性に違いありません。


美しいこの宇宙、美しい地球。人間の美しい生き方。

宇宙は人の心が生み出すものとも言われます。ならば、人間のみがもてる創造性と想像力で、理想の宇宙を生み出さなければなりません。

たしかに、今日の科学技術の驚異的発展は、人間の創造力のたまものではありますが、その成果はひたすら人間のために活用し、人間中心の文明を築きあげてきています。

この文明の恐ろしさは、他のいのちの犠牲の上にたちながら、欲望がさらに欲望を生み続ける文明であること。おびただしい負の遺産を生みつつ、地球の破滅にむかってひた走る文明のかたちであるからです。人間は一日も早く、人間本来の「あるべき様」にめざめ、人間にしかない素晴らしい特性を生かして、青く美しい地球を守り、あらゆるいのちとの共存をはかっていく。そういう方向に舵をきることが、ほとけの一員としての人間の役割・使命だと思うのですが、如何でしょうか。

私が日々に感じていることは、月に星に空に、海山に川にほとけは満ち満ちておられるということです。ほとけを描くということは、「花の笑《えまい》は花の仏」「小鳥のさえずりには鳥の仏」「月にいざなわれれば月の仏」ということです。

画は絹地に友禅染の技法で染めたものです。

絹地ならではの風合いと光沢。染料ならではの色の透明感やぼかしの効果等々。こうした独自の特徴を追求しながら、蚕の犠牲のもと、ほんのわずかとはいえ化学染料で水を汚染しながら、ほとけさまのお姿を描こうとしています。

あるがままのほとけたちは、なにを描いても「仏」です。私の場合、内にほとけを秘めながら、我欲が邪魔してなかなか「仏」が輝き出ないという「まどいの人間仏」に魅かれます。ですから人の象《かたち》でほとけを追求しているわけですが、描く本人がまどえる「未だ仏」ですから、さてどのような「仏さま」が画面に表れてくださるのか、全託するような境地、おまかせで描いています。

「仏」の願いがわが筆に乗り移って、凡才の身に、奇跡が顕れんことを唯々、願うばかりです。

わが描く「仏」たちに光が宿りますように。

そして、みな様のうえに、平穏と安寧が訪れますように。

二〇一三年八月吉日

著者識す

ほとけへの憧憬

目次

第一章

——私の宇宙

羅刹女伝

嫉妬、屈辱、憎悪。
その当時、負の感情に翻弄され、死さえ願っていた私には運命的な出会いがありました。
井上靖『羅刹女国』。

鬼女の悲しみ、慟哭は私を満たし、たちまち画稿の紙面にたち表れました。同時に、棟方志功の名作「十大弟子」のことがたえず念頭にあったのです。仏弟子たちのあの力強い個性の発現。これは版木という制約がプラスに働いた結果と感じます。

私も着物の巾にあわせて織られた、小巾という絹布の中にこの情念の群れを閉じ込め、音なき爆発力をみたいという意図もありました。

制約といえば、友禅染めの技法は制約だらけです。まず、絹地はひどい時には一〇センチも伸縮します。蒸により、変化する染料。どの工程も息をつめての一度きりの勝負です。各工程に必要な道具や薬品などがあります。

今度こそやめたいと愚痴る私に、こう言ってくれた方があります。「ひらめきだけでは人の心をうちはしない。時間をかけ、苦労して仕上げる過程があってこそ輝きでるものがある。見る人にはそれが必ず感じられるはずだ」と。

たしかに、染色技法という制約がなかったら、筆のおきどころをえない陳腐な画面になり、新しい発想さえ湧かなかったかもしれません。

制約即ち伝統の力が強くてこそ、自由を求め新しい飛躍ができるのだと思われます。

扇のサロメ　103×60

※寸法はcm表記です

踊るサロメ　154×91

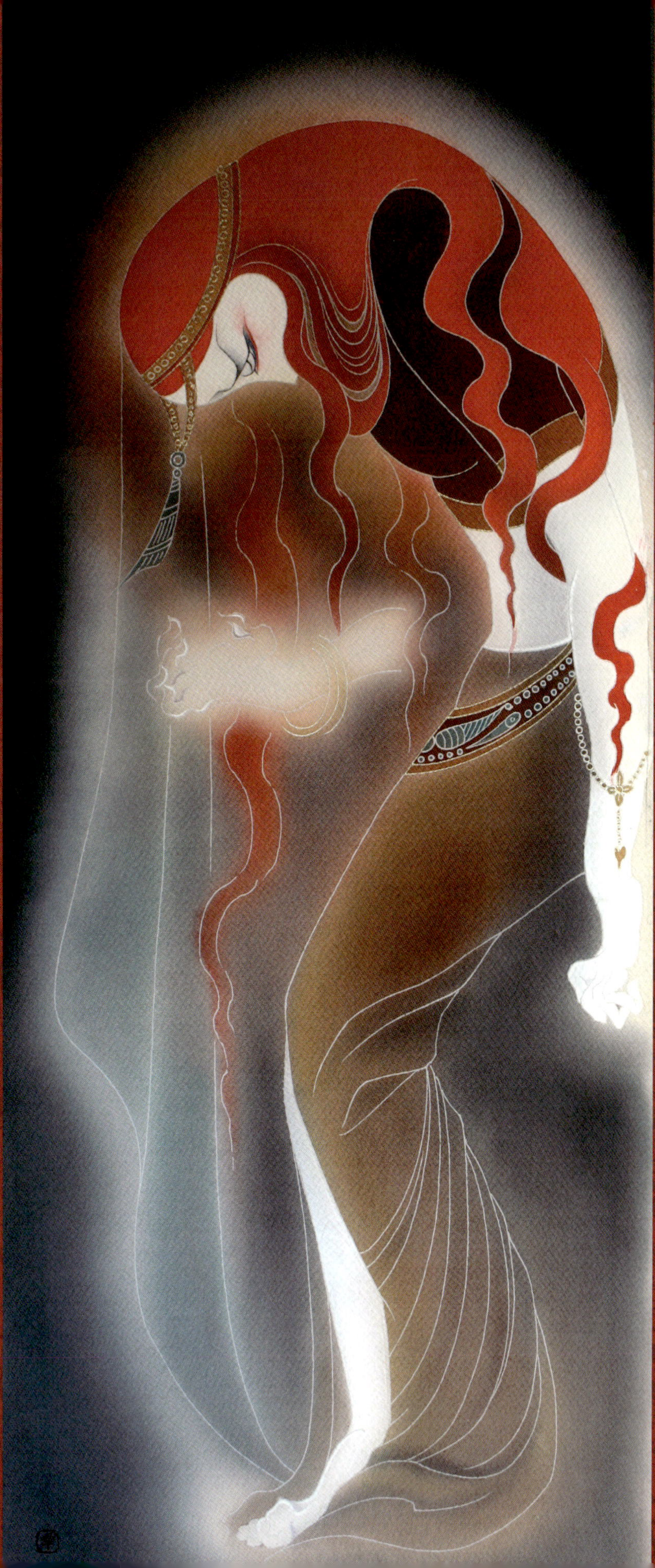

屈辱　79×34

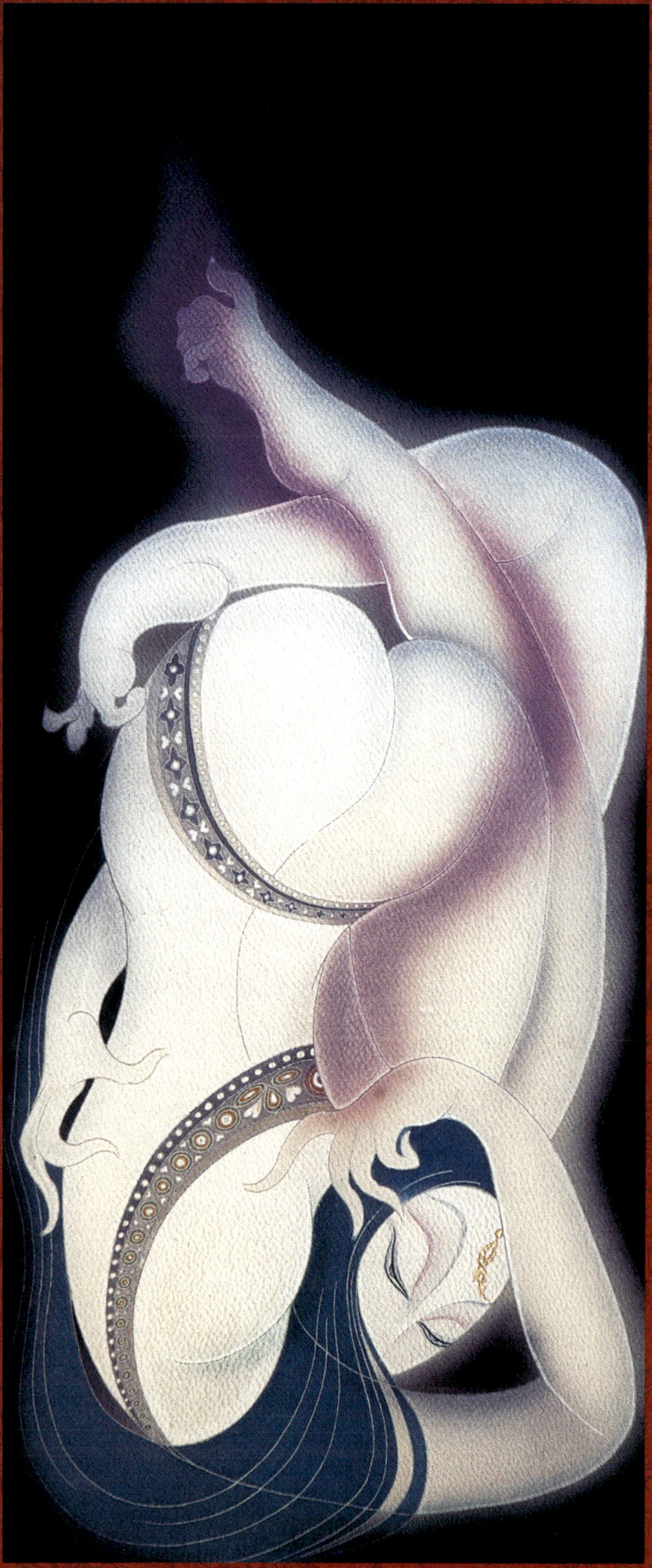

煩悩　79×34

祈りのサロメ

地上の退廃的な豪奢に倦み、聖なるものに魅かれるサロメは、ヨハネに恋していました。自らも、本来は清く純粋な魂を秘めていたといえます。

ワイルド作『サロメ』の中で、恋に無関心なヨハネは、サロメに心動かされず、罵詈雑言を浴びせ、侮辱しました。とても聖者のものとは思えない言動をとったのです。

近代において、宗教が堕落し、世紀末のデカダンのさなか、真に「聖なるもの」「魂の救済」を求めていたのは、ほかならぬ作家ワイルド自身ではなかったかと思えるのです。

私がサロメを描くのは、「聖なる巫女」として再生し、いと小さきもの、弱きもののために、心からの祈りの舞を舞ってほしいと願っているからなのです。

富んだ無頼の前半生に訣別した聖フランチェスコが、小鳥にまで説法をしたように。

人は心から悔い改め、反省することによって、本来の魂の生地を取り戻し、新しい人生を歩むことが出来ると、私は信じたいのです

さまよえるサロメ　94×63

座鬼　79×34

嫉妬　79×34

菩薩慟哭

人みな、おのが宇宙をもつといわれます。私の宇宙は、ある時は真赤《まあか》に、ある時は真《ま》黒《くろ》に、ただ自我の投影として彩をかえる宇宙でした。

人生を経るほどに、必然として遭遇する老病死に真黒の闇は深さをまし、手さぐりで地を這う小さく閉ざされた宇宙でもありました。

でも、失うものを失い、絶望の闇がはれた時、私の目に映じた宇宙は宇宙飛行士の方が目にする宇宙に喩えられる気がしてなりません。

「この世は美しい。地球も地上のあらゆる生命もいとおしい」。この美しくもいとお

嘆きの菩薩　165×77

しいものを守るために、人はこの世に生をうけるのではないだろうかと……。

ところが、ひとたび耳をすませば、きこえてくるのは虐げられたものの無音の嘆きの声、怨嗟の声。その現実にこそ真の闇が存在するのでした。

生きるとは他の生命を食すこと。強者が弱者を踏みにじること。くわえて今や絶対強者である人類（文明国の）の暴虐。

かつての自分のための嘆きは、この無限大の悲しみへの慟哭と変わりました。

いと小さきもの、弱きものにさしのべたいこの手の、あまりの非力への慟哭となりました。

絵を介して相似形の宇宙をもつ方との出会いを切望しています。

他の生命の犠牲の上にしか成り立たない、私たちの生そのものの矛盾、苦しみにまで目をむけた釈尊、弘法大師空海、宮沢賢治。

その宇宙大の嘆きに、平成のこの凡庸な魂は共振しつつもまどうばかりです。

菩薩混沌　175×85

慟哭の不動（部分）

慟哭の不動

――殺すなかれ。貪るなかれ。
産ましむなかれ。天の火をあやつるなかれ――

人が人の分際を越えてしまった。フクシマは人災です。

地震により被災された方々のみならず、動物も植物も大地も水も空気もすべてが犠牲になっています。天は一体、何を望んでおられるのでしょうか。

天の思いを忖度する時、おびただしい家畜たちのあまりに無残な死を悲しく思います。かつても、狂牛病やSARS、口蹄疫、鳥インフルエンザ。いろいろな災難がありました。 そして、いきものたちの殺処分。あの悪夢がまだ覚めやらぬというのに。

人間はいったいなにをしているのですか。

トルストイは「この世に屠殺場がなくならない限り戦争もなくならない」と。

根っこはおなじではないでしょうか。

菩薩慟哭　175x83

いきもの讃歌

猫が笑うのをご存知ですか。

牛が、目に泪をためて、傷ついた仲間のそばを離れようとしないことは?

ウリ坊の鼻はいつも濡れていてハート型。

そのお父さんは、ライオンもたじろく咆哮の持ち主。牛のような巨体にたて髪をなびかせ疾駆する姿のかっこよさ。

しかし、実は蚤よりも臆病で、これは家族をほったらかして遁走する姿でした。

夜、ガラス戸に群がる蛾たちは、みな宝石よりもきれい。

お花や野菜は、不思議なことに人の足音で育つこと。

人間社会に、情報は氾濫していても　自然界の秘密は知らないことばかりです。

こんな小さな発見が、どうしてこんなに嬉しいのでしょう。

まるでちがった姿形のいのち達は、いずれもけなげでいとおしく、人間のように貪ることはありません。

ウリ坊はミルクが大好き

図案制作

頭の中のイメージを、はじめて視覚化する最も好きな時間です。

私は小下絵を作りません。大下絵にぶっつけで描いています。描いては消し、脚立に上がったり落ちたり…。

下絵が完成したら、白生地に「青花」という水で消える液で写すのですが、楽しいのはここまで。

後は、やり直しがまったく効かない地獄の行程が待っております。

第二章 ―― 光、あまねく

観音星―B　45×34

ほとけ―無限に美しきもの

人は、なにに美を感じ感動するのでしょうか。

虚空尽き
衆生尽き
涅槃尽きなば
我が願いも尽きなん

弘法大師の、この壮大な誓願のように、宇宙の調和をはかることが人間の使命ならば、ほとけを人の象で表したいと願う時、その顔容は万物を守り、地球をも守ろうという究極の慈悲相でなければなりません。

有為転変、生滅を繰りかえす宇宙ならば、その中に唯一静止した一点の、永遠無限の静けさをたたえた姿形でなくてはならないでしょう。

そんな風に、身のほどしらずの夢想を続けています。

大自然の雄大さ。

人間の無私の行為の神々しさ。

いのち達のいとおしさ。

大宇宙の森厳さ。

こうしたものに美を感じ感動できる心、それはたしかに「仏」なのですね。

茜の菩薩　108x61

輪廻再生のエナジー　59x35

天平の光—月　37x31

仏眼仏母図　210x110

光曼荼羅

光を常に意識して描いてきました。

大宇宙は日月星辰、光によって認識されます。

小宇宙（人や生物）は原初、光合成により発生したというのが、私たちが受けてきた教育です。

そして、最後に魂は光に包まれ肉体を去ってゆく。生命エネルギーに不可欠の光に対する憧憬は、私たちのなかに刷り込まれたものなのでしょう。

美も光であり、力でなくてはなりません。

ご覧になる方の魂に届き、その方の仏心が他に向けて発動する力を呼びおこせるような、そんな絵が描けなければ。はるかな目標です。

星影　34x43

有明の菩薩　110x36

観音星—A　45×34

秋篠　44x34

聖炎　46×34

天照らす

原初、太陽は崇拝の対象でした。

荘厳な夕陽を見るにつけ、神々しい朝日を拝むにつけ、太陽を偉大なる神仏として仰ぎ見ていたのです。

そして、神仏への畏怖の念と祈りの心を大切にしていたからこそ、人類には希望があり、幸せでした。

私たちは、科学的進化という名の下に一体何をなくしたのでしょうか？

「天照」とはあまねく光り輝く太陽のことです。

万物を育む世の光・宇宙の恵です。

偉大なる神仏として仰ぎ見ていた人類の原初の心こそ、私たちが忘れてはならない心の態度ではないでしょうか？

天照のエナジー　32×57

天に咲く　50x116

艶久遠　85x65

月華　165x77

天平の光一日　36×29

日輪の菩薩　44x35

来影　32×59

月に問う　70×33

黎明　44x60

月よみの菩薩　31×34

華思惟2　25×37

銀河の子　175x85

銀河の賦ー1（拡大）

銀河の賦ー1　34×58

いのちきわみなし
210x100

いのちきわみなし（拡大）

般若波羅蜜多菩薩　45×35

緋の菩薩　45×34

観世音はるか（カット）

月宮の賦　225×100

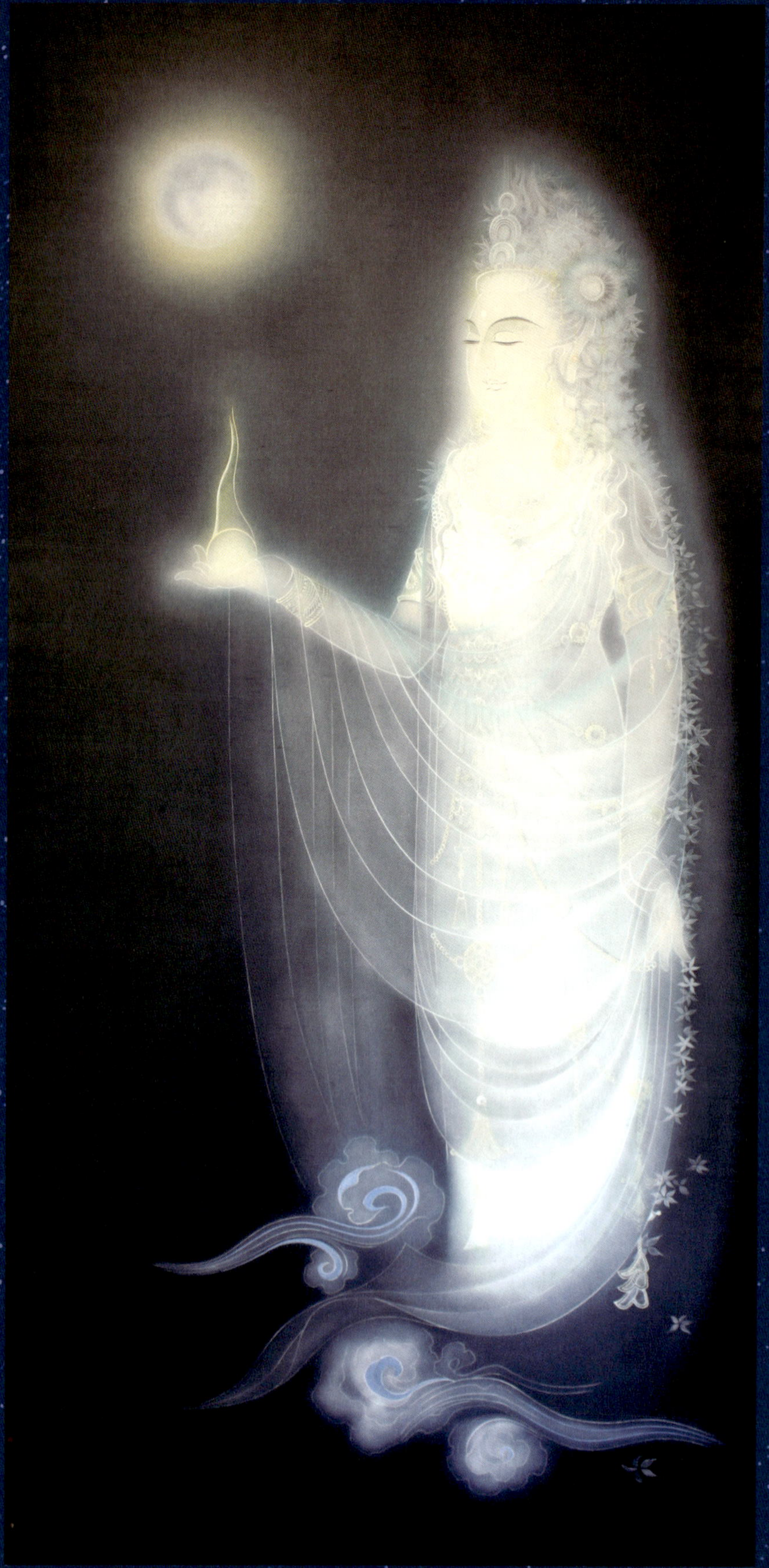

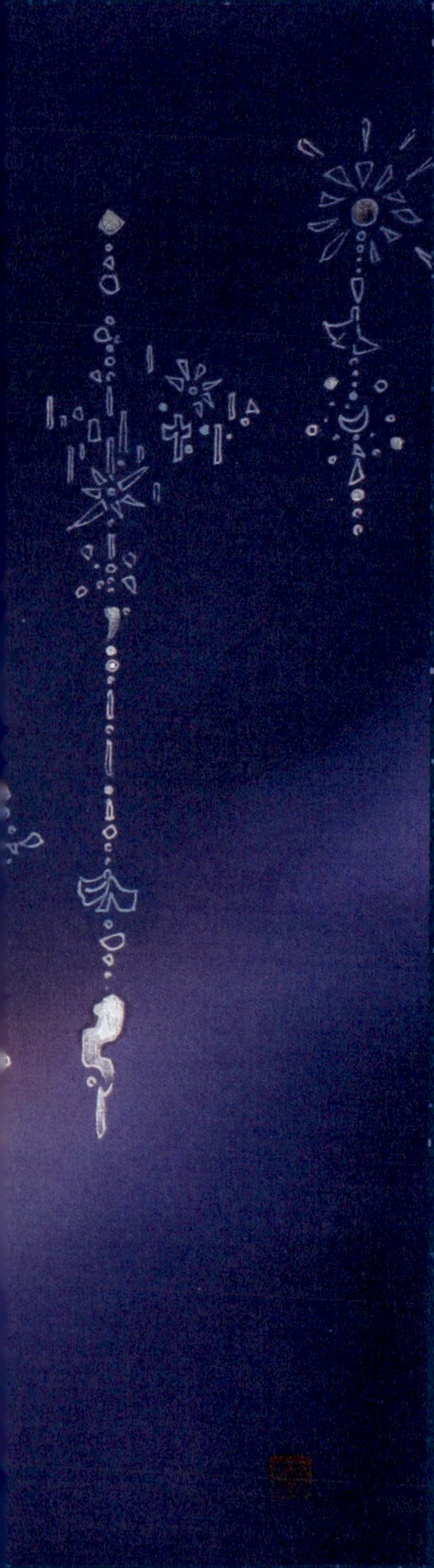

銀河の賦―2　38×58

月修寺

三島由紀夫『豊饒の海』のヒロインのモデルとされる、高貴なお方の肖像画の依頼をうけました。これまで、肖像画の経験もなく、たった一葉のお写真だけでまったく筆の進まぬ数年が過ぎました。

ある時、この方が野の花や動物を慈しまれ、なまものは一生お口にされなかったという情報をいただき、一気に完成したものです。

月修寺　120x74

月華　165×77

あるがまま

今朝、はじめてカマキリの赤ちゃんに出会いました。

一センチにも満たない大きさなのに、完全にカマキリになっていました。

その小さな点のような複眼に、私はどのように見えているのでしょう。

巨大怪獣！

私にむかって、雄雄しく蟷螂《とうろう》の斧をふりかざしています。

おかしくて、神秘的です。

私たち夫婦の傍らで、ウリ坊がやわらかな若草を食んでいます。

その瞳も、たとえようもなくやわらかくて。

さまざまな命がそれぞれの「あるべきよう」でいられる時、まちがいなく、それは「仏」の時です。

赤い服を着たのが著者。その向こうの黒い点は実は二匹とも狸です。

壬生寺壁画制作

色さし（彩色）の行程です。白生地を張った木枠は一m×三m。私の特徴であるぼかしをするためには、ずっと湿った状態を保たなければならないので、霧吹きと刷毛を両手に画面の周囲を走り回ることになります。染料が走るのを、私の筆でコントロールしきれなくて、絹地も水も染料もみんな生きていると感じることがあります。

でも、時には予想もしなかった効果が表れたり。これが、工芸的な技法の妙味であるのです。

第三章

――鎮魂と再生

コクーン

コクーンとは繭玉のことです。

蚕たちの白くやさしい宇宙。無限大を表すマーク∞にも似ています。

人はこの美しい造物を犠牲に、絹地をつくりました。

魂とは、どのように存在するのか。元素のように宇宙に偏在し、万物に宿っては去っていくものなのか。その宿る以前の未生の虚体が、ふとした次元のゆらぎにほのみえたら。蚕たちへの鎮魂の気持ちからでしょうか、私にはこんな象《かたち》にみえるのです。

象《かたち》はみえても肉体がないのですから、小さな友を踏みつけることも、ましてや自分が生きるため他の友を食べる必要もなく。

人が感動したり感謝する時、思いやりの心をもつ時は、胸の奥のコクーンも輝いているのではないでしょうか。

たった一人の姉は五五才で急逝しました。その一ヵ月後、母の夢に幼児の姿で再生し、母の胸の中へころがりこんだというのです。そのことを母からきいて瞬時に現れたイメージがコクーンの誕生となりました。

父母同様、動物も植物もあらゆるいのちを慈しむ姉でした。

肉体はなくなっても精神のリレーは可能だと、コクーンはそんな気持ちで描いています。

萌えいずる　42×32

コクーン　風の道　52×33

コクーン　風ひかる　32×52

コクーン　生まれること　115×64

コクーン　生きていくこと　115×64

コクーン　花遊陽　59×32

コクーン　花遊宵　50×28

コクーン　プンダリカ　(カット)

コクーン　その昔わたしにも　34×82

コクーン　夕陽マンダラ　37×33

コクーン　ここにいるよ（宙《そら》）　43×33

光音天のごとく　歓びを糧とする者にならんかな

寄せては返す、海辺の波。
あなたは、何を記憶するのでしょうか。
四三億年の生命という業の輪廻。
途方もない時の流れを生き継いできたいのち達へ。
「生まれてきてよかったですか」。
いずれも水泡のごとく消えては結ぶ瞬時の生とはいえ、いまここに、ともに
あるいのちの同胞に、私はよびかける。
森のいのち、そらのいのちよ。
コクーンの願いは、生の歓びをわかちあうこと。
人類だけではない、あらゆるいのちが美しく陽を浴び、地球は歓びに満ちた
星でありますように。
コクーンの祈りは、人の心の内奥にも必ず宿っているはず。

コクーン　いのちいのち海　44×35

コクーン　ありがとうの岸辺　27×66

コクーン　この風にのって　44×33

コクーン　葉っぱ浄土　103×49

コクーン　風薫る　45×35

森の風鈴　45×35

壬生寺

障壁画

千年をこえる歴史をもつ壬生寺は、お地蔵様のお寺として京都の人々に親しまれ、新撰組ゆかりの寺としても知られています。

不幸にも昭和三七年に焼失。四五年には再建が成り、新たなご本尊として唐招提寺から地蔵菩薩立像（重文）が遷座されたものの、ご本堂の襖は白地のままでした。かつては見事な地獄図と極楽図が描かれていたそうです。

松浦俊海和上とのありがたいご縁をいただき、ご奉納させていただけることとなりました。当初、私の頭はあふれる色彩と想念で渦巻いておりました。

ご本堂の中、和上様が思うさま描くことをお許し下さった、真っ白な尊い空間。

二一世紀を生きる者として、まず科学の情報も参考に独自の宇宙観を確立してなどと、さかしらな気概に燃えたものでした。

友禅染は難易度の高い技法の上、この度は無謀ともいえる大画面。予想もつかぬ失敗や事故が続くにつれ、工房に入る前には思わず仏壇に手をあわせ「なぜ私のような者がこのお役目を？」と夜空の星にといかける日々となりました。

命の永遠性、命の平等への思いが、少しでも表現できたでしょうか？

気づけばしょせん和上様のお掌の中。ご本尊様に導かれながら、人の成仏の階梯をようやく一段上れたというところでしょうか。

地獄変（四苦八苦）——死に死に死に死んで

「愛別離苦《あいべつりく》」「死」
死は恐ろしい大きな苦しみです
逝く者にも送る者にも　内腑をえぐり
地を掻き 慟哭しても癒える苦しみではありません
生別もまたおなじく

しかし苦悩が極まったとき　突如光につつまれる
奈落から這いあがった目に映じるのは……

「怨憎会苦《おんぞうえく》」「病」
嫌な人とも共にいなくてはならない苦
阿弥陀経に共命の鳥といい
体は一つ頭は二つ　果報は同じだが
考えることは別々という架空の鳥がいます
憎悪の鬼と化しても殺すわけにはいかない
翼はあっても飛びたてない逃れられない地獄です

肉体の苦痛だけでなく　孤独感　死への恐怖
まさに苦の器、苦の牢獄といえましょう

地獄変（四苦八苦）——生まれ生まれ生まれて

人としてこの世に生を受けたいじょう
逃れることのできない四苦八苦
憎しみ哀しみのはてに鬼となり蛇とならざるをえない
心の地獄

「求不得苦《ぐふとっく》」「老」
求めても得られない苦しみです
蛇体となって追いすがってもかなわぬ清姫の安珍への恋
永遠の若さを求めてもしのびよる
老いはふりはらえないもの……
ですが今　老いを苦であり醜であると
とらえたくない自分がいます

「五蘊盛苦《ごうんじょうく》」「生」
精神と肉体が盛んなため満足できない苦しみです
抑えても抑えても身内から皮膚をも破らんばかり
噴出しようとする欲望と不満
「生」
暗い産道を通りぬけて生まれ出たところにまた
新たな苦が待ちうけているというのでしょうか

宙《そら》みつ祈り——夕映えの菩薩

まず
思惟あり祈りあり
重力から解き放たれ両の掌を合わす
天の高みから生命の、宇宙の誤謬を思惟し
そして祈る

人は本来
宇宙の不平等を正し
調和へと導くために
この世に生を受けたのです

宙《そら》みつ誓願 ── 暁の菩薩

地獄から脱した鬼の瞳はこのうえなくやさしく
弱者の上に注がれるはず　かつての鬼は
哀しみや痛みを誰よりも知っているから
そして必ずいと小さきもの、虐げられたものに
手をさしのべ、菩薩業の一歩を踏み出すことでしょう

あまりに小さな一歩、あまりの非力に
心まどいながら……

燃えるような誓願を胸に、一隅を照らしていくならば
やがて、同魂の菩薩は地に涌くごとくたちあらわれ
おのおのの菩薩の誓願は「宙みつ慈母の念」へと
凝集していくものと信じつつ……

明珠不生

——月光菩薩・薬師如来・日光菩薩

無始以来
広大無辺の宇宙では、大いなる「いのち」の源から
無数の星々が生まれ続けています……
真理の光の秩序のもとに

天平の、ある薬師三尊さまのあまりの美しさに、
姿形をお借りしてみました
薬師様は過去仏とか、「いのち」の源に
ふさわしい仏様なのでした……はからずも

明珠不滅

――勢至菩薩・阿弥陀如来・観音菩薩

はるけくも来ぬるものかな
赫々と燃える光明に輝く「いのち」の根源へ
歓びと光に包まれてひとまず帰還します
そちらはあらゆる命がところをえた
美しい秩序の世界でしょうか
人が成すべき使命を果たし
甘美な安らぎに浸れるところでしょうか

飛鳥の、あるみ寺の壁面、阿弥陀浄土の
あまりの豊穣に姿形をお借りしてみました
阿弥陀様は未来仏とか
帰還すべき「いのち」の根源にふさわしい
仏様なのでした……はからずも

永遠の今 ——弥勒菩薩

五六億七千万年後までお地蔵様にすべてをたくして
出をまつ弥勒菩薩様
思惟ほど美しいものはありません
ことに万物の苦しみ永遠の哀しみを思惟し祈る象《かたち》ほど

天空の月星を観じながら　弥勒様の
思惟に思いを馳せる私たちには今
すべてが投影しています　宇宙の無限
久遠の未来　そして弥勒さまも……今この瞬時に
すべてが身裡《みうち》に宿るこの神秘

大いなるかな心や

銀河の使者 ——明星観音・光華観音・瑠璃観音

人は太古から夜空の星々に祈り
無数の嘆きを届けてきました
星も人も、おなじ「いのち」の源から
流れ出た証《あかし》のように
ひとりひとりに呼応する運命《さだめ》の星があるのではと
夢想します
心を澄ませばその星は人間のあるべき相《すがた》
人間のあるべき心
さてあなたの成すべき使命を
瞬《また》き伝えてくれるのかもしれません

平成の今は
宇宙空間から飛行士の人たちが伝えてくれます
地球上のあらゆる生命《いのち》は平等だと
自然や人以外の生きものを利用し
踏みにじる文明をみなおさなければ
青くはかない地球という生命《いのち》を
守ることはできないと……

浄土幻想

——輝きて命

「いのち」満ち満ちて
山となり海となりあるいは草木となり
虫となり動物となり人となり

……この世で生きることとは他の生命《いのち》を食すこと……

それでも念ずるしかありません
生きとし生けるものすべてがところをえて
いのちいっぱい生きられますように
人は足ることを知り、弱者を踏みにじることの
ないように、一つでも善いことをするように……
そのために授かった命です

浄土幻想 ——地蔵菩薩

お地蔵様は万物すべてを育む大地の慈悲
しかもすさまじい救済心をもった菩薩です

たった一葉の写真としてこの世にとどまられた
旧壬生寺本尊地蔵菩薩坐像

お地蔵様をおがまれる人は
その人もまたお地蔵様なのだと
お経の教えが実感される制作となりました

唐招提寺

唐招提寺にも梵天・帝釈天像がおわすと知った時、まず仏伝中の梵天勧請が想起されたのでした。梵天が釈迦に請うたように、和上に拝した時の栄叡と普照（国命をうけて渡唐した僧）はまさに梵天・帝釈天ではなかったでしょうか。

また法華堂の日光仏・月光仏はもとからここに安置されていたのではなく梵天・帝釈天ではないかという説もあるそうです。装いはもちろんこの唐風の面差しは鑑真様ゆかりの像に思えてなりません。天平のほの暗い内陣の中、鑑真様のお近くに寄り添うように立たれたそのままのお姿に違いないと夢想しながら図像化していきました。

同天の讃―讃仰鑑真和上　三曲屏風―高さ145cmx巾180cm　手描き友禅染め,紬地

ですから画面の二像は梵天・帝釈天でもあり、日光仏・月光仏でもあり栄叡と普照でもあります。

彗思、聖徳太子、長屋王、鑑真和上、如宝、中興の高僧方のみならず不惜身命の志も空しく波間に消えていった人々。地を這うように荒れていく御寺を守ろうとした無名の人々。その高貴な精神のリレーで、世にも清浄な唐招提寺という御寺が和上の精神をたたえて現存するありがたさ。そして今平成の大修理も完成をみました。

人心の荒廃がいわれる平成の今、私達人間の中に眠る尊く永遠なるものを思い起こさせてくださる鑑真様のご生涯に感動と感謝の讃め歌をお奉げしたく思いました。

唐招提寺「うちわまき　梵網会」

毎年五月一五日、中興の祖・覚盛上人の御忌法会は「梵網会」といい、通称「うちわまき会式」の名で親しまれています。群れくる蚊をはらうことなく血を与えられ、叩こうとした弟子をたしなめられたという逸話のある方で、恩徳を慕ったお弟子達がうちわを作って御宝前に献じたことが、うちわまき会式の始まりです。

あとがき

私は「本」という表現形式が大好きです。

編集、デザイン、製版、印刷、製本のみな様の多くの方のお力の集積で「本」という作品はできあがるものですから、思いもしなかった新たな世界をみせていただける喜びが生まれます。

作品を、単独でご覧いただくより何倍もの魅力をお伝えできますことを、誇らしく思うのです。

美星町という名の小盆地、夜空は天然のプラネタリウムです。この永遠の相のもと、星はめぐり、季節がめぐり、あらゆる命の生死がめぐり……。花も虫も鳥も獣も、生は様々でも死は等しく厳粛で、しかも忌むべきものでなく、いのちは平等です。「国民が電気を使いたいだけ使えるのが文明国」と言い放った女性議員とは対極の世界。

現代文明社会の理不尽に傷ついたもの、飢えたものに手をさしのべながら、自らのあまりの非力に心折れそうな時、私は宮沢賢治の星空に思いをはせます。

（一方、夫は無農薬野菜をはぐくみながら、トルストイの農園に思いをはせます）

明治時代の青年達が、トルストイを慕って出した手紙がいまも残っているそうです。

トルストイが若きガンジーに思いを託した手紙もあります。このように時空をこえて精神のリレーを可能にするのが、書物の力なのですね。

この度美星町からの小さくも切なる思いを、はるか東京でしっかり受けとめて下さった高戸寧様、日貿出版社社長川内長成様に心より御礼申し上げます。

あまねく、千年先までの新たな精神のリレーを祈りつつ……。

合掌

二〇一三年八月　　あだち　幸

■あだち 幸プロフィール

岡山県小田郡美星町に生まれる

昭和43年 大阪外国語大学英語科卒業
昭和54年 日本翻訳専門学院卒業
院展作家・三宅順風に師事、日本画を習う
染色作家・五代田畑喜八に師事
昭和62年 第1回個展〝ほとけたち〟（京都クラフトセンター）
昭和63年 第2回個展（京ヤマト）
平成元年 壬生寺千体仏供養塔に、「観音・日・観音・月」一対奉納
第3回個展〝あだち 幸ほとけの世界〟（京都国際ホテル・ギャラリー・ラボ）
平成2年 第4回個展
ヒロ・ヤマガタ作品との合同展
アート&アート〝日本の美・アメリカの美〟（芦屋ラポルテホール）
インド取材旅行
平成3年 アメリカ取材旅行
画集「白の幻影」出版（法藏館）
平成4年 第5回個展〝白の幻影〟（東京歌舞伎座別館）
作品「浄土変」歌舞伎座二階ギャラリーで特別展示
平成5年 梅原 猛著『仏教伝来』（プレジデント社）表紙絵に採用
第6回個展（藤沢市鵠沼 ギャラリー川右衛門）
平成6年 遠藤喨及 作曲演奏によるCD「Song Of Pure Land」のジャケットに採用
平成7年 同右「Water Planet」ジャケットに採用
第7回個展〝絹にたくすほとけへの憧憬〟（横浜髙島屋美術画廊）
平成8年 遠藤喨及 作曲演奏によるCD「Moon Illumination」ジャケットに採用
日本染織作家展特別招待出品（京都文化博物館、大阪髙島屋）
第8回個展〝絹にたくすほとけへの憧憬〟（大阪髙島屋美術画廊）
NHK教育テレビ「こころの時代」出演

平成9年
第9回個展（米子髙島屋美術画廊）
第10回個展（岡山髙島屋美術画廊）NHK岡山放送局後援
テレビ朝日「ニュースステーション」（収録したがペルー人質事件で未放送）
テレビ朝日「京都が好き」出演
岡山放送「生き活き人間」出演
瀬戸内海放送「ニュースアイ」出演

平成10年
第11回個展（横浜髙島屋美術画廊）
第12回個展（大阪髙島屋美術画廊）

平成11年
遠藤喨及著『タオ、気のからだを癒す』（法藏館）表紙絵に採用
加納眞士著『子どもと生きる光の日々』（ファーブル館）表紙絵に採用
熊野博ミュージカル「山本玄峰老師の生涯」（岩本唱道脚本演出）にてスクリーン背景画に採用される

平成12年
第13回個展〝白い憧憬〟（阪神百貨店梅田本店　阪神美術画廊）
画集『白い憧憬』出版（学習研究社）
スカイパーフェクTV!・テレビ出演
第14回個展〝白い憧憬〟（岡山丸善ギャラリー）

平成13年
奈良円照寺十代門跡山本静山様肖像画納入

平成14年
岡山山陽放送テレビ出演
岡山放送出演
ロシアエルミタージュ博物館ポベディンスカヤ学芸員来訪
セルビア（旧ユーゴスラビア）科学アカデミースポティチ教授来訪

平成15年
岡山山陽放送テレビ出演
読売新聞主催名士名流展出品（平成9年〜14年に続き）
画集『Cocoon　コクーン』出版（吉備人出版）
第15回個展（京都池坊短期大学アートフォーラム）
スカイパーフェクTV!・テレビ出演
第16回画集原画展（岡山丸善ギャラリー）
京都壬生寺本堂襖絵、障壁画制作委嘱される
米国 NASHVILLE OPERA 作品サロメをシーズンフライヤーに採用される

平成16年　月刊「PHP」6月号「ヒューマンドキュメント」で記事掲載
第17回個展（大丸福岡天神店アートギャラリー）
第18回個展（大丸心斎橋店美術画廊）
第19回個展（高松天満屋美術画廊）
平成17年　岡山長島愛生園にてはぐるまの家和太鼓とコラボレーション
月刊「致知」10月号に対談掲載
平成19年　京都壬生寺本堂障壁画完成納入
平成21年　奈良唐招提寺に屏風奉納
平成22年　壬生寺障壁画初公開（大阪髙島屋グランドホール　NHK主催）
第20回個展（大阪髙島屋美術画廊）
平成23年　障壁画　壬生寺にて公開
平成24年　Societe Nationale des Beaux Arts（SNBA—フランス国立美術協会）
主催展覧会に日本代表招待作家として10点出品（会場 Le Carrousel du Louvre）
平成25年　岡山県文化連盟主催「あだち幸友禅画展　絹地に奏でるミクロコスモス光曼荼羅」（岡山県天神山文化プラザ）

●著作・CDなどの表紙絵

梅原　猛著『仏教伝来』（プレジデント社）
加納眞士著『子どもと生きる光の日々』（ファーブル館）
遠藤喨及著『タオ、気のからだを癒す』（法蔵館）
Nashville Opera シーズンパンフレット「サロメ」
遠藤喨及CD「Song of Pure Land」（MIDI）他
可藤豊文著『真理の灯龕』（晃洋書房）
可藤豊文著『女子学生』（自照社出版）
渡邊愛子文、木村至宏監修「観音の扉」（ブックマン社）他

●テレビ出演

NHK教育テレビ「こころの時代」他
テレビ朝日「ニュースステーション」（未放映）
テレビ朝日「京都が好き」
山陽放送、岡山放送、瀬戸内海放送、京都放送、スカイパーフェクTV！他多数

参考文献

『生命の探究』松長有慶著（法藏館）
『二十一世紀に生かす真言密教の智慧』松長有慶著（春秋社）
『密教とはなにか』松長有慶著（人文書院）
『仏教における神秘の構図』天野宏英・松長有慶・山折哲雄著（東方出版）
『空海 言葉の輝き』竹内信夫著　永坂喜光写真　高岡一弥アートディレクション（ピエブックス）
『季刊仏画7　近代の仏画』（日貿出版社）

ほとけへの憧憬《しょうけい》

●定価はカバーに表示してあります

2013年10月10日　初版発行

著　者　あだち　幸《さち》

発行者　川内　長成
発行所　株式会社日貿出版社
東京都文京区本郷5-2-2　〒113-0033
電話　(03) 5805-3303（代表）
FAX　(03) 5805-3307
振替　00180-3-18495

印刷　株式会社加藤文明社
アートディレクション　竹内則晶
デザイン　宮下豊　　撮影　足立勝
揮毫　金敷駸房

乱丁・落丁本はお取り替えいたします。

ISBN978-4-8170-3965-1　　http://www.nichibou.co.jp/